Het afzien van 2020

Van dezelfde auteurs:

Het afzien van 2000
t/m
Het afzien van 2019

Fokke & Sukke aan het werk
Fokke & Sukke aan de balie
Fokke & Sukke aan de studie
Fokke & Sukke aan de kinderen
Fokke & Sukke aan de dunne
Fokke & Sukke aan het infuus
Fokke & Sukke aan het examen
Fokke & Sukke aan de drank
Fokke & Sukke aan de praat
Fokke & Sukke aan de leiding

De historische canon van Fokke & Sukke
De nieuwe historische canon van Fokke & Sukke
De bètacanon van Fokke & Sukke

Fokke and Sukke (Engelse editie)
Fakko i Cakko (Russische editie)
Feri és Sanyi (Hongaarse editie)

Fokke & Sukke Scheurkalender 2007
t/m
Fokke & Sukke Scheurkalender 2021

Fokke & Sukke kookboek

Van auteur Jean-Marc van Tol:

Opkomst en ondergang van Fokke & Sukke. Prelude

Musch (roman, eerste deel Johan de Witt-trilogie)

Reid, Geleijnse & Van Tol

Het afzien van 2020

IK ZIE JE WEL MAAR IK HOOR JE NIET!
...IK HOOR JE WEL MAAR IK ZIE JE NIET!

Uitgeverij Catullus, Soest

Deze Fokke & Sukke-cartoons verschenen eerder in
NRC Handelsblad, *NRC Next*, *Rendement*
en diverse andere media.

Eerste druk: november 2020
Druk: Wilco, Amersfoort
ISBN 9789492409690
www.foksuk.nl
www.catullus.nl

FOKKE & SUKKE
HADDEN TOCH ECHT GOEIE VOORNEMENS
JA! IK WEET HET WEER: OVERSTAPPEN VAN ZORGVERZEKERING!
AH SHIT, TE LAAT!
RGvT

Goede voornemens in het nieuwe jaar

FOKKE & SUKKE
MOETEN NOG NAAR ALLEMAAL NIEUWJAARSBORRELS
DAT NIET DRINKEN IN JANUARI, ZULLEN WE DAT ANDERS IN FEBRUARI DOEN?
OEI! HET IS WÉL EEN SCHRIKKELJAAR, HÈ!
RGvT

Dry January in opmars

FOKKE & SUKKE
KREGEN OOK GEEN UITNODIGING VOOR HET BOEKENBAL
DAAROM HEBBEN WE MET ARNOLD KARSKENS ONS EIGEN CPNB OPGERICHT:
...ONGELEZEN NEDERLAND
RGvT

Ongehoord Nederland wil deel uit gaan maken van het Nederlands publieke omroepbestel

FOKKE & SUKKE
LEZEN ZIJN TWEETS
'EN DAARNA ZULLEN ZEVEN JAREN VAN BLOED EN DUISTERNIS UW VADEREN EN ZONEN TEISTEREN'
HIJ BEGINT HET WEL TE LEREN, DIE TRUMP!
RGvT

Trump bedreigt Iran met 52 aanvallen

FOKKE & SUKKE
WORDEN ER NIET VROLIJK VAN
TRUMP, IRAN...
EN DAN DIE SMERIGE
TALKSHOWOORLOG...
NOU, 2020 BEGINT LEKKER!
RGvT

Jinek trekt hoge kijkcijfers; NPO start talkshow Op1

FOKKE & SUKKE
ZIJN OP TRAININGSKAMP IN QATAR
ALS JE HIER
HANDS MAAKT
HAKKEN ZE JE
HAND ERAF!
RGvT

Ajax en PSV oefenen in Qatar

FOKKE & SUKKE
PROBEREN HET ALLEMAAL BIJ TE HOUDEN
IRAN HEEFT RAKETTEN AFGEVUURD!
HÈ? HEBBEN ZE DAAR OOK VERKIEZINGEN?
RGvT

Iran beschiet Amerikaanse basis in Irak

FOKKE & SUKKE
KIJKEN NAAR CNN
OH, SHIT!
IRAN HEEFT HET IRRITANTE ZUSJE ALLER OORLOGEN UITGEROEPEN
RGvT

Oorlogstaal in het Midden-Oosten

FOKKE & SUKKE
ZITTEN LEKKER TE BINGEN OP NETFLIX
"TALKSHOWOORLOG"
...ALLEMAAL AANDACHT-TREKKERIJ VAN DE LINEAIRE TELEVISIE
RGvT

Bloedige slag om de kijker gewonnen door streamingdiensten

FOKKE & SUKKE
CONDOLEREN ALLE NEDERLANDERS
MENEER AART
IEDEREEN MIST NU ZIJN MOPPERENDE LIEVELINGSOPA
RGvT

Aart Staartjes (81) overleden na verkeersongeval

FOKKE & SUKKE
VINDEN HET WEL ZO NETJES VOOR DE NABESTAANDEN
IRAN GEEFT HET NEERHALEN VAN DE BOEING TOE
KIJK POETIN, AYATOLLAH KHAMENEI WEET WÉL HOE HET HOORT!!
RGvT

Iran bevestigt het per ongeluk neerhalen Boeing

FOKKE & SUKKE
ZITTEN IN DE PARLEMENTAIRE WERKGROEP-INPERKING MACHT RECHTERS
WE BEGINNEN MET EEN WERKBEZOEK AAN ANKARA
...SAMEN MET EEN DELEGATIE UIT POLEN
RGvT

Raad voor de Rechtspraak roept politiek op te stoppen met verdachtmaken rechters

FOKKE & SUKKE
GAAN STEEDS MINDER MET DE AUTO
DE VLIEGENDE HOLLANDER
DE SCHRIK VAN DE ZEVEN STIJGENDE WERELDZEEËN
RGvT

Nederlanders vaker met vliegtuig dan auto naar buitenland

FOKKE & SUKKE
ZIJN POETIN-WATCHERS
NOU, "STAATKUNDIGE HERVORMING"...
HIJ GAAT GEWOON EEN CULTUUROMSLAG IMPLEMENTEREN
RGvT

Poetin wil grondwet wijzigen

FOKKE & SUKKE
VIEREN 130 JAAR PROPRIA CURES
ALS WE EEN EURO KREGEN VOOR ELKE KEER DAT HET LEEK DAT PC FAILLIET GING...
WAREN WE NU RIJK GEWEEST!
RGvT

Amsterdamsch Studentenweekblad Propria Cures bestaat 130 jaar

FOKKE & SUKKE
ZIEN HET SOMBER IN
NOU, DIE KAARTJES VOOR HET DEPRESSIEGALA...
...ZULLEN WE OOK WEL WEER NIET KRIJGEN
RGvT

Blue Monday was nog nooit zo leuk

FOKKE & SUKKE
HEBBEN EEN WETENSCHAPPELIJKE DOORBRAAK
WE HEBBEN HET GEN ONTDEKT...
...DAT ZOWEL VREEMDELINGENHAAT ALS KLIMAATONTKENNING VEROORZAAKT
RGvT

Dertig procent Nederlanders gelooft niet in klimaatverandering

FOKKE & SUKKE
ZIEN HET MET LEDE OGEN AAN
O KIJK, DE CHINEZEN KOMEN DE BOEL HIER OOK OMVOLKEN

Langverwachte paring tussen Chinese panda's in Ouwehands Dierenpark

FOKKE & SUKKE
LEIDEN DE BELASTINGDIENST
EN ALS DE TOESLAGEN ZIJN AFGESCHAFT...
...DONEREN WE ALLE IT AAN MUSEUM VAN SPEELKLOK TOT PIEREMENT
RGVT

Toeslagensysteem: het moet anders, maar hoe?

FOKKE & SUKKE
ZIJN RAYONHOOFDEN
NOU... ALS DE WINTER ZO BLIJFT
KAN MAARTEN VAN DER WEIJDEN BINNENKORT WEER DE ELFSTEDENTOCHT KOMEN ZWEMMEN!!!

16 februari 2020; warmste februaridag ooit gemeten

FOKKE & SUKKE
HEBBEN DE HACKERS BETAALD
ANDERS ZOUDEN ZE MASTURBATIEVIDEO'S
...VAN DE HOOGLERAREN ONLINE ZETTEN!
RGvT

Universiteit Maastricht betaalde losgeld na cyberaanval

FOKKE & SUKKE
VERTROUWEN DIE CHINEZEN NIET
VOLGENS ONS ZIT ER EEN ACHTERDEURTJE IN DAT VIRUS...
...WAARDOOR MENSEN HEEL ERG ZIEK WORDEN!
RGvT

China waarschuwt voor snelle verspreiding coronavirus

FOKKE & SUKKE
ZITTEN IN DE COMMISSIE DIE DE BUITENDAG ORGANISEERT
SUPERMOOI!
RIDOUAN TAGHI IS TERUGGEKOMEN VOOR HET VIERDE LUSTRUM VAN HET MULTICULTURELE DRAMA
RGvT

Het multiculturele drama – 20 jaar later

FOKKE & SUKKE
VINDEN HET NOGAL EEN ONGENUANCEERDE UITSPRAAK
HOE KUN JE BEWIJZEN DAT WIE NIET SPRINGT...
...GEEN JOOD IS??
RGvT

Kabinet en KNVB willen meer cameratoezicht in stadions om racisme tegen te gaan

FOKKE & SUKKE
STAKEN VANDAAG
HEERLIJK!
...KUNNEN WE EINDELIJK DE PROEFWERKEN NAKIJKEN!
RGvT

Leraren gaan opnieuw staken: twee dagen achter elkaar

FOKKE & SUKKE
GAAN VOORLOPIG NOG GEEN VACCIN ONTWIKKELEN
HOEVEEL DODEN? AH, OK... PFFF...
LAAT ZE TERUGBELLEN ALS DE TELLER BOVEN DE 50.000 STAAT!
F
FOSUFARMA
RGvT

Nog geen aanstalten voor de ontwikkeling van een vaccin tegen coronavirus

FOKKE & SUKKE
KNIJPEN 'M VOOR HET CORONAVIRUS
WAT ZEGT DE OVERHEID?
...DAT ALLEEN BEDRIJVEN OUDER DAN 80 JAAR AAN DE BEADEMING HOEVEN!
RGvT

Coronavirus lijkt vooral ouderen met onderliggend lijden te treffen

FOKKE & SUKKE
WONEN IN WUHAN
O JA, EN NU OOK NOG EEN VUURWERKVERBOD IN NEDERLAND!
...WE HADDEN HET ZEKER NIET ZWAAR GENOEG!?
RGvT

Dit jaar al verbod op knalvuurwerk en vuurpijlen

FOKKE & SUKKE
GAAN SHORT IN TESLA
DIT AANDEEL KAN NAMELIJK
GEHEEL AUTONOOM CRASHEN
RGvT

Koersexplosie voor aandelen Tesla

FOKKE & SUKKE
ZIJN NIET VERBAASD
AMERIKAANSE SENAAT KENT TRUMP...
...DE NOBELPRIJS VOOR LITERATUUR EN VREDE TOE
RGvT

Impeachment Trump strandt in de senaat

FOKKE & SUKKE
STRIJDEN NOG MET HET CORONAVIRUS
...MAAR KWETSENDE CARTOONS...
...HEBBEN WE IN CHINA GELUKKIG AL WETEN UIT TE ROEIEN
RGvT

Chinese ambassadeur maakt bezwaar tegen kwetsende cartoons

FOKKE & SUKKE
ZIJN WEER WOEDEND
MOORKOPPEN MOGEN OOK AL NIET MEER?!?!
EEN INTEGRAAL ONDERDEEL VAN ONZE JUDEO-CHRISTELIJKE CULTUUR!!!
RGvT

HEMA verandert naam 'moorkop' in 'chocoladebol'

FOKKE & SUKKE
PROBEREN HET HOOFD BOVEN WATER TE HOUDEN
BENT U AL BEKEND MET ONS
VALENTIJNSWEEK-ABONNEMENT?
RGVT

Middenstand heeft het zwaar

FOKKE & SUKKE
KUNNEN PRIMA RECYCLEN
WIJ VEGEN HIER AL JAREN ONZE REET AF
...MET DE RAPPORTEN VAN DE INSPECTIE LEEFOMGEVING EN TRANSPORT
RGvT

Ministerie hield rapport over falen ruimtelijke ordening tegen

FOKKE & SUKKE
WERKEN BIJ DE RABOBANK
NEE, HET SPIJT ONS...
U KRIJGT PAS RENTE ALS U MEER DAN EEN MILJOEN ROOD STAAT
RGvT

Ook Rabobank voert negatieve rente in voor vermogende klanten

FOKKE & SUKKE
HEBBEN OPHOKPLICHT
EN WIE GAAT ONS HIER VOOR COMPENSEREN?
RGvT

Ophokplicht voor pluimveebedrijven na uitbraak vogelgriepvirus

FOKKE & SUKKE
HADDEN ZICH ER ZO OP VERHEUGD!
WAAR IS MATTHIJS VAN NIEUWKERK NOU?!!
HIJ ZOU TOCH NAAR DE ZATERDAG GAAN?!!!
ZAP! ZAP! ZAP!
RGvT

Matthijs van Nieuwkerk stopt met DWDD en kondigt nieuw zaterdagprogramma aan

FOKKE & SUKKE
MOCHTEN EINDELIJK VAN DE WESTERDAM
WE HADDEN GELUKKIG GEEN CORONA...
...MAAR WE ZIJN NU WEL ZWAAR GOKVERSLAAFD.
RGvT

Passagiers Westerdam veertien dagen vast na coronabesmetting

FOKKE & SUKKE
WILLEN EEN FABRIEK BOUWEN IN DUITSLAND
DIE BOMEN GAAN WE COMPENSEREN...
...DOOR HEEL VEEL TESLA'S TE PRODUCEREN!!
RGvT

Bomenkap voor bouw Tesla-fabriek Duitsland stilgelegd

FOKKE & SUKKE
BLIKKEN TERUG
NA HET 15-JARIG BESTAND LAAIDEN IN 2020...
...DE NATIONAAL HISTORISCH MUSEUM-TWISTEN WEER OP
RGvT

Is het nu wél tijd voor een nationaal historisch museum?

FOKKE & SUKKE
MAKEN ER HET BESTE VAN
WE ETEN KNAKWORST VANAVOND
HEBBEN DE BOEREN WEER GESTAAKT?
F
RGvT

Weer boerenprotesten in Den Haag

FOKKE & SUKKE
ZITTEN IN DE RAAD VAN COMMISSARISSEN
WIJ BIJ UBS HANTEREN DE BEZOS-NORM
RALPH GAAT GEEN CENT MEER VERDIENEN DAN JEFF BEZOS
F
UBS
RGvT

ING-topman Ralph Hamers vertrekt naar UBS

FOKKE & SUKKE
BELLEN PRINS CARNAVAL
DE WAGEN VAN
CARNAVALSVERENIGING
'DE PIEPSCHÄTERS'
IS
GEFINANCIERD
DOOR SOROS!!!
RGVT

Carnaval 2020

FOKKE & SUKKE
VIEREN CARNAVAL
GOED IDEE, SUKKE,
...MONDKAPJES...
RGVT

Veel grappen over corona tijdens carnaval

FOKKE & SUKKE
WERKEN BIJ DE KLM
O SHIT
NU HEBBEN WE DE COMPENSATIEVAREN LATEN DOODGAAN
RGvT

Is klimaatneutraal vliegen zinvol?

FOKKE & SUKKE
HEBBEN HET MAAR MOEILIJK, ALS MAN
MOORKOP... ZWARTE PIET... ...ZEGGEN DAT ZE NOOIT MEER IN DEZE STAD ZAL WERKEN VOORDAT JE JE PIEMEL IN D'R MOND STOPT...
WAT MAG ER EIGENLIJK NOG WEL TEGENWOORDIG?!?
RGvT

Harvey Weinstein veroordeeld tot 23 jaar celstraf

FOKKE & SUKKE
ZIJN CORONA-ONTKENNERS
WE KENNEN NIEMAND DIE HET HEEFT!
EN VIRUSSEN ZIJN JUIST HEEL GOED VOOR PLANTEN!
RGvT

Wat zijn de juiste feiten over corona?

FOKKE & SUKKE
LEZEN CHINESE SPROOKJES VOOR
EN DUS GING MONDKAPJE MET EEN MANDJE GEBAKKEN VLEERMUIS...
NAAR HAAR ZIEKE GROOTMOEDER
RGvT

Coronavirus houdt wereld in zijn greep

FOKKE & SUKKE
VIERDEN CARNAVAL
NOU, GOED IDEE, DIE MONDKAPJES!
IK ZEI HET TOCH!
RGVT

Nederlandse coronapatiënt vierde carnaval

FOKKE & SUKKE
WILLEN NIET MEER VAN CHINA AFHANKELIJK ZIJN
JAAA!!
IN SOMALIË KUN JE OOK BIZAR LAGE LONEN BETALEN!!
F
RGVT

Productie in China stokt door coronavirus

FOKKE & SUKKE
MOGEN NIET MEER ETNISCH PROFILEREN
MAAR ZO'N ROODHARIGE BLEEKSCHEET
MET EEN GROEP DRONKEN VRIENDEN
...DIE LATEN
WE ALTIJD GRAAG
EVEN BUKKEN
RGvT

Overheid voor rechter gedaagd om etnisch profileren

FOKKE & SUKKE
VINDEN HET ZIELIG VOOR P.F. THOMÉSE
SCHRIJVERS UIT
LOON OP ZAND, GORINCHEM
EN HAARLEM
...MOGEN NIET NAAR
HET BOEKENBAL
F
RGvT

Haarlemmer is twintigste coronapatiënt in Nederland

FOKKE & SUKKE
GAAN NAAR HET BOEKENBAL
HET ENIGE NADEEL...
...JE KUNT NIET LEKKER AAN JE PIJP LURKEN
RGvT

Dwarsdenkers op het Boekenbal

FOKKE & SUKKE
ZITTEN THE DAY AFTER BIJ CAFÉ DE ZWART
ZAG IK JOU NOU MET EUS PRATEN OP HET BOEKENBAL?
NEE NEE! HIJ VROEG ALLEEN OF IE ERLANGS MOCHT!!
F
RGvT

Eus opent Boekenweek 2020 met aanval op literaire wereldje

FOKKE & SUKKE
ZIJN BLIJ DAT ZE LID ZIJN IN UTRECHT
ROETKAP? BOEIE!
BIJ VINDICAT MOETEN ZE VAN EEN CORONABERG AF SKIËN
RGvT

Vindicat terug uit coronagebied

FOKKE & SUKKE
HEBBEN HIER LANG OP MOETEN WACHTEN
IN HET JUSTITIEEL COMPLEX SCHIPHOL...
...IS DE BOEKWEEK GESTART.
F
RGvT

MH17-proces van start; Boekenweek 2020

FOKKE & SUKKE
ZIJN LIJFARTS VAN DE PRESIDENT
ZO BIJZONDER!
HIJ IS DE EERSTE MENS OP AARDE DIE IMMUUN IS VOOR HET CORONAVIRUS!
THE WHITE HOUSE
RGVT

President Trump getest op corona

FOKKE & SUKKE
GEVEN AL EEN WEEK GEEN HANDEN MEER
MAAR GELUKKIG MAG JE TER BEGROETING...
...NOG WEL AAN ELKAARS KONT RUIKEN.
RGVT

RIVM roept op om geen handen meer te schudden

FOKKE & SUKKE
MOGEN NIET MEER NAAR AMERIKA VLIEGEN
KUT!
NU ZITTEN WE IN QUARANTAINE OPGESLOTEN IN EUROPA!
RGvT

Trump legt al het personenverkeer van Europa naar de VS voor dertig dagen stil

FOKKE & SUKKE
HEBBEN SPIJT
ALS JE NOU *ETEN* GEHAMSTERD HAD, DAN HADDEN WE NOG IETS TE POEPEN GEHAD
RGvT

Schappen leeg door hamstergedrag

FOKKE & SUKKE
KIJKEN NOG EVEN IN DE KELDER
O, IK ZIE DAT WE TOT NU TOE VOORAL WIJN HEBBEN GEHAMSTERD
RGvT

Hamsterwoede houdt aan

FOKKE & SUKKE
VRAGEN DE FISCUS OM UITSTEL
JA, WE ZITTEN THUIS
...EN DE E.DENTIFIER LIGT NOG OP KANTOOR!
RGvT

Kabinet roept op om zoveel mogelijk thuis te werken

FOKKE & SUKKE
GEVEN THUISONDERWIJS
ACH JOH, DE STELLING VAN PYTHAGORAS...
...DAT HEB JE LATER NOOIT MEER NODIG!
RGVT

Alle scholen dicht

FOKKE & SUKKE
HEBBEN NOG NOOIT ZOIETS MEEGEMAAKT
GELUKKIG ZIJN ER GEPENSIONEERDE STATISTICI BIJGESPRONGEN...
...ANDERS ZOUDEN WE HET GEWOON NIET AANKUNNEN!!
RGVT

IC's hebben groot tekort aan mensen; pers duidt de coronacijfers

FOKKE & SUKKE
HOUDEN LEKKER GEEN AFSTAND
17 MILJOEN MENSEN OP DAT HELE KLEINE STUKJE AARDE...
DIE SCHRIJF JE NIET DE WETTEN VOOR... DIE HATEN DE BEJAARDEN...
RGvT

Nederland trekt zich weinig aan van maatregelen

FOKKE & SUKKE
VERMOEDEN EEN COMPLOT
HET GROTE DANCEFESTIVAL VOOR KLIMAATSCEPTICI EN CORONA-ONTKENNERS
...MAG WÉL DOORGAAN!
RGvT

Honderden evenementen tot en met juni afgelast

FOKKE & SUKKE
ZIJN VAN HET MINISTERIE VAN ECONOMISCHE ZAKEN
IK VOND DE STEUNAANVRAAG VAN DE EFTELING SLECHT ONDERBOUWD...
DIE ENE DIKKE RIEP ALLEEN MAAR "GELD HIER, GELD HIER"
RGvT

Efteling vraagt steun van de overheid

FOKKE & SUKKE
DENKEN DAT HET EEN UITVINDING IS VAN DE MEDIA
KEN JIJ **ZELF** IEMAND DIE IN COMPLOTTHEORIEËN GELOOFT?
...NEE... MISSCHIEN BESTAAN DIE DINGEN WEL HELEMAAL NIET.
RGvT

Complottheorieën tieren welig door coronavirus

FOKKE & SUKKE
MAKEN GEEN GRAPPEN OVER CORONA
HEB JIJ HET BENAUWD?
ALLEEN ALS IK LACH
RGvT

Mag je lachen om corona?

FOKKE & SUKKE
STARTEN EEN ACTIE VOOR DE HELDEN
OM 20.00 UUR KLAPPEN WE MASSAAL VOOR ALLE BN'ERS...
DIE HEBBEN HET IN DEZE TIJDEN ECHT EEN STUK ZWAARDER DAN DE GEWONE NEDERLANDERS.
RGvT

BN'ers presenteren coronalied

FOKKE & SUKKE
VINDEN HET SCHANDALIG
KLAPPEN VOOR HULPVERLENERS?
WAT, NOG STEEDS? HOE DURVEN ZE!
RGvT

Omarm de zorg

FOKKE & SUKKE
TREKKEN DE PORTEMONNEE VOOR ITALIË
ZE KOMEN IN AANMERKING VOOR EEN TEGEMOETKOMING!
DAT HELE LAND IS WERKZAAM IN DE ENTERTAINMENT-INDUSTRIE!
RGvT

Woede in Italië over Nederlandse 'meedogenloze geldwoekeraars'

FOKKE & SUKKE
PROBEREN *IEDEREEN* TE BEREIKEN
WAT IS HET VERSCHIL TUSSEN EEN MONDKAPJE EN EEN ONDERBROEK?
SORRY FOKKE, IK *KAN* HET NIET MET HAAR ERBIJ!
RGvT

Gebarentolk Irma Sluis steelt show tijdens de persconferenties

FOKKE & SUKKE
VOLGEN HET NIEUWS
"*BAUDET LAAKT CORONASTANDPUNT JENSEN*"
ZO ZIE JE DAT OOK DE EXPERTS HET ONEENS KUNNEN ZIJN!
RGvT

Thierry Baudet oneens met Robert Jensen over corona

FOKKE & SUKKE
GAAN ER LEKKER TEGENAAN
NU DE BUREN KLAAR ZIJN MET KLUSSEN...
GAAN WIJ ALLE FOTO'S 10 CM NAAR RECHTS VERPLAATSEN
RGvT

Overlast door klussende buren tijdens lockdown

FOKKE & SUKKE
WERKEN NORMAAL IN DE KANTINE
WE BRENGEN DE BROODJES KROKET
NU LANGS BIJ DE THUISWERKENDE COLLEGA'S
RGvT

Thuiswerkers zoeken nieuwe routines

FOKKE & SUKKE
STAAN VOOR EEN ONMOGELIJKE KEUZE
WIE KRIJGT HET BEADEMINGSAPPARAAT?
DE MAN DIE NOG WEL GOED BIJ ZIJN HOOFD IS, OF BORIS JOHNSON?
RGvT

Boris Johnson met coronaverschijnselen opgenomen in ziekenhuis

FOKKE & SUKKE
SNAPPEN AL DIE OPHEF NIET
ONZE VROUWEN ZITTEN **ALTIJD** IN LOCKDOWN
GAAT PRIMA
RGvT

Volledige lockdown stuit op weerstand

FOKKE & SUKKE
VERTROUWEN HET VOOR GEEN CENT
MET DAT 5G...
...ZULLEN COMPLOTTHEORIEËN ZICH NÓG SNELLER VERSPREIDEN!
RGvT

Corona voedt complottheorieën rond introductie 5G

FOKKE & SUKKE
GAAN DIT NOOIT VERGETEN
VOOR ONZE GENERATIE IS DIT NET ZOIETS ALS...HOE HEET 'T...
DIE OORLOG, BEGIN JAREN '40
RGvT

Gevolgen corona wereldwijd ongekend

FOKKE & SUKKE
HEBBEN EEN ZWANGERE PANDA
NOU, HET IS WEL DUIDELIJK DAT CHINEZEN GEEN AFSTAND MEER HOEVEN TE HOUDEN!
RGvT

Panda Wu Wen mogelijk in verwachting

FOKKE & SUKKE
HEBBEN HET GETEST
DIT IS DE BESTE CORONA-APP!
MET DIE SNOEPJES DIE VERDWIJNEN ALS JE ZE NAAST ELKAAR LEGT!
F
RGvT

Overheid ontwikkelt corona-app

FOKKE & SUKKE
LEZEN DE AKTE NOG EENS VOOR
HEDEN, 21 APRIL 2020,
...VERSCHEEN OP ANDERHALVE METER VOOR MIJ...

Anderhalve meter het Nieuwe Normaal?

FOKKE & SUKKE
HEBBEN DE CORONA-APP AL AF
HIJ BEGINT KEIHARD TE RATELEN
VANAF HET MOMENT DAT JE DE DEUR UITGAAT
RGvT

Corona-app

FOKKE & SUKKE
GEVEN GRAAG POSITIEVE FEEDBACK
JE VROUW IS MET DE KINDEREN NAAR DE SPEELTUIN?
DUS JE KUNT WEL DELEGEREN!
RGvT

Werkverhoudingen veranderen door corona

FOKKE & SUKKE
ZETTEN ZICH IN VOOR HET NEDERLANDS
ANGLICISMEN...
MAAK HET STOPPEN!
RGvT

Nederlandse taal staat onder druk

FOKKE & SUKKE
ZITTEN IN DE GEHEIME WERELDREGERING
LATEN WE DE UITROL VAN 6G
TOCH NOG MAAR EVEN UITSTELLEN...
Illuminati
RGvT

Introductie 5G stuit op verzet

FOKKE & SUKKE
ZIJN BLIJ DAT WE ER VANAF ZIJN
GIGANTISCH OLIEVELD GEVONDEN BIJ SURINAME
NOU ZIJN ZE ECHT FAILLIET
F
RGvT

Olieprijs voor het eerst onder nul: min 40 dollar per vat

FOKKE & SUKKE
MOGEN WEER NAAR DE TANDARTS
DENK JIJ DAT HIJ OOK EEN BEETJE KAN KNIPPEN?
RGVT

Tandartsen mogen per direct zorg hervatten

FOKKE & SUKKE
KUNNEN NIET ANDERS
ZONDER FLINKE BONUS GAAT BEN SMITH
...METEÉN BIJ EEN ANDERE LUCHTVAARTMAATSCHAPPIJ AAN DE SLAG
RGVT

Bonus topman Air France-KLM in opspraak

FOKKE & SUKKE
VERSLAAN DE PERSCONFERENTIE
PRESIDENT TRUMP VERTROUWT VOLLEDIG...
...OP DESINFORMATIE-MIDDELEN
F
RGvT
Trump oppert inspuiten met desinfectiemiddelen

FOKKE & SUKKE
VINDEN HET ANDERS ZIELIG VOOR DE KONING
WE HEBBEN OP HUIS TEN BOSCH EEN ROL TOUW, EEN BLINDDOEK
...EN EEN ONTBIJTKOEK LATEN BEZORGEN
RGvT
Koningsdag 2020

FOKKE & SUKKE
BETALEN ZICH NOG STEEDS BLAUW AAN DE POMP
HET KAN NIET ANDERS OF ER ZIT EEN WERELDWIJDE ORGANISATIE ACHTER
...DIE DE PRIJS BEPAALT!!!
RGvT

Olieprijs wederom gedaald

FOKKE & SUKKE
ZIJN ER CORONA-PROOF EVEN TUSSENUIT
HEERLIJK, DIE VIRTUELE VAKANTIE.
NOU, DE ZALM IS WEER OP BIJ HET ALL-YOU-CAN-EAT-BUFFET!!!
RGvT

Hoe zien die eruit, post-coronavakanties?

FOKKE & SUKKE
HOUDEN VOLDOENDE AFSTAND TIJDENS HET WINKELEN
DE HELE TIJD HET GEVOEL DAT JE IN DE HUDSON'S BAY STAAT
RGvT

Corona-proof shoppen

FOKKE & SUKKE
HEBBEN EEN PLAN OM DE WERELD TE VERNIETIGEN
EN DAN STOPPEN WE DIT VIRUS IN EEN VLEERMUIS...
EN DIE LEGGEN WE DAN NAAST EEN SCHUBDIER OP EEN MARKT!
RGvT

Trump zag 'overtuigend bewijs' dat coronavirus uit lab in Wuhan komt

FOKKE & SUKKE
LEGGEN EEN KRANS NAMENS DE VETERANEN
BEST LASTIG!!!
...EN NU MOETEN WE 'M NOG OP DAT DING HANGEN!!!
RGvT

Afstand houden tijdens Dodenherdenking

FOKKE & SUKKE
MAKEN FEYENOORD TOEKOMSTBESTENDIG
HET NIEUWE STADION WORDT VIER BIJ VIJF KILOMETER...
EN ER KUNNEN 1200 MENSEN IN
F
FEYENOORD ROTTERDAM
RGvT

Feyenoord wil bestemmingsplan nieuwe stadion wijzigen

FOKKE & SUKKE
ZITTEN IN HET ORGANISEREND COMITÉ
WE ZIJN ERUIT! SINTERKLAAS WORDT ERGENS IN NOVEMBER...
...IN EEN CONTAINER DE HAVEN VAN ROTTERDAM BINNENGESMOKKELD
RGvT

Grote evenementen moeten wachten op coronavaccin

FOKKE & SUKKE
KUNNEN WEER NAAR DE KAPPER
MAAR... ...MAAR...
WE HEBBEN HELEMAAL GEEN VAKANTIE OM OVER TE PRATEN!!!
RGvT

Vanaf 11 mei mogen alle contactberoepen weer aan de slag

FOKKE & SUKKE
ZIJN SOCIAAL RECHERCHEURS
LOOPT U EVEN MET DE LAPTOP NAAR DE BADKAMER!
WEL EEN GEDOE, ZO'N CONTROLE VIA ZOOM...
RGVT

Controles ten tijde van corona

FOKKE & SUKKE
STELLEN PRIORITEITEN
WE GAAN VOLGENDE WEEK WEL NAAR DE KAPPER
RGVT

Nog meer versoepelingen van kracht

FOKKE & SUKKE
ZIJN NET GEPROMOVEERD
HET LEENSTELSEL IS HET BEWIJS DAT DE PREFRONTALE KWAB...
...PAS ROND JE 24E VOLGROEID IS
RGVT

CPB: 'Leenstelsel schrikt niet af, studenten lenen flink extra'

FOKKE & SUKKE
ZIJN IC-ARTSEN
WE VINDEN HET WEL ZWAAR, HOOR...
...DE HELE DAG THUIS MET DE KINDEREN!
RGVT

IC's in 'rustiger vaarwater'

FOKKE & SUKKE
KUNNEN GEEN KANT OP
ALS WIJ GEEN STEUN BIJ DE NEDERLANDSE OVERHEID REGELEN...
..MAKEN DE AANDEELHOUDERS GEHAKT VAN ONS!
RGvT

Veel grote bedrijven vragen staatssteun

FOKKE & SUKKE
HEBBEN GEEN KEUS
KIJK, ALS WIJ ZE NIET STEUNEN...
...GAAN DIE BEDRIJVEN ERGENS ANDERS GEEN BELASTING BETALEN!
RGvT

Politiek vindt belastingontwijking geen probleem bij aanvraag staatssteun

FOKKE & SUKKE
DOEN EEN OPROEP
LATEN WE VANAVOND KLAPPEN VOOR DE MENSEN VAN DE BELASTINGDIENST!
...DIE HEBBEN HET OOK NIET MAKKELIJK
F
RGVT

Belastingdienst aangeschoten wild door toeslagenaffaire

FOKKE & SUKKE
HOUDEN VOORLOPIG GEEN PERSCONFERENTIES MEER
IRMA SLUIS IS INMIDDELS ONBETAALBAAR GEWORDEN
RGVT

Voorlopig geen persconferenties meer

FOKKE & SUKKE
HEBBEN SCHOON GENOEG VAN HET GEWELD
WIJ WILLEN WAPENSTOKKEN
...EN PEPPERSPRAY!
HAND HAVING
HAND HAVIN
RGvT

Boa's willen wapens

FOKKE & SUKKE
ZITTEN IN DE RAAD VAN COMMISSARISSEN VAN KLM
DAN GEVEN WE BEN EEN VOUCHER
...WAARMEE HIJ **VOLGEND JAAR** ZIJN BONUS KAN OPHALEN
RGvT

Toch bonus van bijna acht ton voor topman Air France-KLM

FOKKE & SUKKE
MAKEN WATTENSTAAFJES
GOED, HET CORONA-TESTEN HEBBEN WE ER DOOR...
EN DAN IN HET NAJAAR: "WINTERWATTENSTAAFJES"!
RGvT

GGD klaar voor massaal testen

FOKKE & SUKKE
VONDEN ALTIJD AL DAT IE MET VEEL AEROSOLEN SPRAK
WEET JE NOG DIE STREBERS, DIE BIJ PROFESSOR DE VRIES OP DE EERSTE RIJ ZATEN?
ALLEMAAL DOOD
F
RGvT

Maurice de Hond: 'Verspreiding coronavirus vooral via aerosolen'

FOKKE & SUKKE
VINDEN DAT ZE UITDRUKKELIJK AFSTAND MOETEN NEMEN
HENK BRES ISSUN GRAUTE SCHANDE
...VOÂH ALLE GOEDWILLENDE MODDÂHVETTE WITTE HAAGSE MANNÛH!
RGvT

Henk Bres haalt racistische tweets weg

FOKKE & SUKKE
LICHTEN DE PERS IN
ER KOMT DUS EEN ONAFHANKELIJK ONDERZOEK...
...EN DE BURGEMEESTER BELOOFT OM VOORTAAN WAT PLATTER TE ZULLEN PRATEN
Gemeente
Amsterdam
RGvT

Kritiek op burgemeester Halsema van Amsterdam

FOKKE & SUKKE
GAAN HIER VOORLOPIG NOG WEL MEE DOOR
DE AANPAK VAN SLAVERNIJ...
...MOETEN WE EERST AAN DE PLANTAGEBRANCHE ZÉLF OVERLATEN!
RGVT

Racisme terug van nooit weggeweest

FOKKE & SUKKE
KONDEN GEEN BEELD VAN COLUMBUS VINDEN
WELK PLEKJE HEEFT HIJ OOK ALWEER ONTDEKT?
RGVT

Beeldenstorm raast door de wereld

FOKKE & SUKKE
WILLEN LIEVER DAT HET RACISME DUIDELIJK GEREGULEERD WORDT
ANDERS GAAT HET ONDERGRONDS
EN DAN RAKEN WE DE CONTROLE HELEMÁÁL KWIJT
RGvT

Black Lives Matter

FOKKE & SUKKE
MERKEN DAT HET NIEUWE NORMAAL ERAAN KOMT
LAATST WERD IK ZELFS EEN KEER **TELEFONISCH** GEBELD!
RGvT

Back to normal?

FOKKE & SUKKE
ZIJN OP HET PLEIN IN DEN HAAG
WEET JE WIE ZICH NOOIT EXPLICIET TEGEN RACISME HEEFT UITGESPROKEN?
WILLEM DE ZWIJGER
RGvT

Welke beelden zijn ‘fout’ en welke niet?

FOKKE & SUKKE
LOPEN OVER DE VRIJHEIDSLAAN
TOCH JAMMER DAT IE GEEN STALINLAAN MEER HEET, MET EEN BORDJE ERONDER
NU KUNNEN WE DE DISCUSSIE NIET MEER VOEREN OF WE HEM NOG STEEDS ALS HELD ZIEN
RGvT

Wat te doen met foute straatnamen?

FOKKE & SUKKE
GEVEN LES AAN DE UvA
WANNEER HEB JIJ VOOR HET LAATST SEKSUEEL GEÏNTIMIDEERD?
JEETJE... ...13 MAART, DENK IK
RGvT

Wéér universitair docent UvA beschuldigd van seksuele intimidatie

FOKKE & SUKKE
STAAN WEER IN DE FILE
TERUG NAAR HET OUDE KUT
RGvT

Het nieuwe normaal?

FOKKE & SUKKE
WAARSCHUWEN NEDERLAND
WE MOETEN SERIEUS REKENING GAAN HOUDEN MET EEN TWEEDE GOLF
SUBSIDIE VOOR DE KLM
RGvT

Wanneer komt de tweede golf?

FOKKE & SUKKE
HEBBEN TOT HET LAATSTE MOMENT GEWACHT
WIJ GAAN LEKKER BAKKEN
IN SIBERIË
RGvT

Siberië breekt warmterecord

FOKKE & SUKKE
SNAKKEN NAAR GEZELLIGHEID
WE WILDEN NAAR LOWLANDS...
...MAAR NU GAAN WE GEWOON DE HELE ZOMER DEMONSTREREN!
WIJ ZYN Er ook nog!!
130 KM!!
RGvT

Protesten tegen coronamaatregelen

FOKKE & SUKKE
ROUWEN OM HET VERLIES VAN HET VRIJE WOORD
JAMMER DAT WE NU NIET WETEN WAT DIE TWEE LAFFE HUILEBALKEN...
...EN DAT DEUGENDE NSB'ERTJE NOG TEGEN ELKAAR TE ZEGGEN HEBBEN!
RGvT

Voetbal Inside op zwart na rel vanwege racisme

FOKKE & SUKKE
VEILEN HET 5G-NETWERK
NU NOG EEN BEDRIJF VINDEN
...DAT ACHT MILJARD NANOCHIPS KAN IMPLANTEREN
RGvT

Veiling 5G-netwerk gestart

FOKKE & SUKKE
KUNNEN NIET WACHTEN
VANAF VANDAAG WEER DRIE KEER PER WEEK...
...NIET NAAR DE SPORTSCHOOL
F
RGvT

Sportscholen mogen weer open

FOKKE & SUKKE
ZITTEN IN DE REDACTIE VAN EEN TALKSHOW
WE ZOEKEN VOOR HET DEBAT NOG EEN VOORSTANDER VAN SLAVERNIJ...
...KUNT U ANDERS NIET DOEN ALSOF?
RGvT

Slavernijdebat: geen excuses

FOKKE & SUKKE
WORDEN LID VAN HET CDA
LIL' KLEINE HEEFT ZICH OP HET LAATSTE MOMENT KANDIDAAT GESTELD VOOR HET LIJSTTREKKERSCHAP!
F
RGvT

Kanye West wil meedoen aan de presidentsverkiezingen

FOKKE & SUKKE
WERKEN DEZE ZOMER THUIS
OH! IK MOCHT VANDAAG IN DE KOELKAST WERKEN!!!
RGvT

Hoge temperaturen maken het thuiswerken lastig

FOKKE & SUKKE
KREGEN EEN TELEFOONTJE
NOU DREIGEN SCHIPHOL EN DE ROTTERDAMSE HAVEN
...ÓÓK NAAR ENGELAND TE VERHUIZEN!
RGvTE

Multinationals verplaatsen hoofdkantoren uit Nederland

FOKKE & SUKKE
HOUDEN VAN SPANNENDE VAKANTIES
VROEGER GINGEN WE FIETSEN IN JEMEN, OF KLIMMEN IN DE HIMALAYA...
MAAR NU KUNNEN WE GEWOON NAAR EEN BUURLAND MET CODE ROOD.
RGVT

Code Rood voor badplaatsen in Spanje en Portugal

FOKKE & SUKKE
HOUDEN VAN SPANNENDE VAKANTIES
VROEGER GINGEN WE SANDBOARDEN IN DE SAHARA, OF CLIFFDIVEN OP DE AZOREN...
...MAAR NU GAAN WE GEWOON NAAR EEN LAND DAT AL 5G HEEFT
RGVT

Vakantie in coronatijd

FOKKE & SUKKE
HOUDEN VAN SPANNENDE VAKANTIES
VROEGER GINGEN WE SKYDIVEN BOVEN DE MOUNT EVEREST, BASEJUMPEN IN NOORWEGEN
MAAR NU GAAN WE GEWOON NAAR TURKIJE, ROEPEN DAT ERDOĞAN EEN RARE SNOR HEEFT
RGvT

Turkije steeds strenger; Hagia Sophia weer moskee

FOKKE & SUKKE
ZIJN ALLERGISCH
WIJ MOGEN GEEN ETEN
...UIT EEN KEUKEN WAAR OOK GORDELDIER WORDT VERWERKT
RGvT

Het blijft oppassen geblazen bij restaurants in het buitenland

FOKKE & SUKKE
ZIJN MET VAKANTIE IN FRANKRIJK
HIER GELDT ÉÉN METER AFSTAND HOUDEN
DUS DAN KUN JE HET HANDIGST ONZE AFSTAND VERDUBBELEN EN DAN DOOR DRIE DELEN
RGvT

Landen hanteren verschillende coronaregels

FOKKE & SUKKE
DRAGEN OOK OP HET STRAND EEN MONDKAPJE
MAAR SOMMIGE MENSEN OVER-DRIJVEN
RGvT

Vakantielanden brandhaard nieuwe corona-uitbraak

FOKKE & SUKKE
DEDEN BOODSCHAPJES IN DE SUPERMERCADO
...WEER NÉRGENS HOLLANDSE MONDKAPJES TE KRIJGEN!
RGvT

Nederland wil niet aan de mondkapjes

FOKKE & SUKKE
DOEN TOCH MAAR EEN MONDKAPJE OP
WANT JE WEET TEGENWOORDIG NIET MEER WELKE INFLUENCER JE MOET GELOVEN...
EN WELKE NIET!
RGvT

RIVM gaat influencers inzetten bij voorlichting jongeren

FOKKE & SUKKE
VIEREN VAKANTIE IN EIGEN LAND
WIJ NOEMEN ONSZELF LIEVER 'TOT CAMPINGGAST GEMAAKTEN'
RGvT

Zomervakantie 2020

FOKKE & SUKKE
ZIJN IN ITALIË
KIJK, WE WILLEN U OP ZICH BEST GELD GEVEN...
MAAR DAAR WILLEN WE DAN WEL EEN HEERLIJKE MAALTIJD VOOR TERUG
RGvT

Nederland let op de centen

FOKKE & SUKKE
GAAN HEEL RIJK WORDEN
MONDKAPJE IN JE JAARCLUB-KLEUREN
...MET INGEBOUWD BIER-RIETJE!
RGVT

Corona biedt ook kansen

FOKKE & SUKKE
DOEN DE ONTGROENING PER ZOOM
KIKKEREN, FEUT!
KIKKEREN!!!
RGVT

Coronaproof ontgroenen

FOKKE & SUKKE
HOPEN DAT HET GEEN SCHANDAAL WORDT
WIE HEEFT ER ROET IN DE MONDKAP VAN DE FEUTEN GEDAAN!?!
RGvT

Studenten proberen zich aan de regels te houden

FOKKE & SUKKE
MOGEN DE SOCIËTEIT WEER IN
BRUBLURG BLG GRBL!
HÉ! DAT MOET IN JE ELLEBOOG!
RGvT

Social distancing bij studenten moeilijk

FOKKE & SUKKE
ZIJN GEZONDE HOLLANDSE JONGENS
EEN VOLK DAT VOOR MONDKAPJES ZWICHT ZAL MEER DAN LIJF EN GOED VERLIEZEN
DAN DOOFT HET LICHT
RGvT
Veel kritiek op maatregelen kabinet

FOKKE & SUKKE
ZEGGEN: EERLIJK IS EERLIJK
WIJ WILLEN OOK EEN BONUS...
...VOOR DE ZORGHELDEN VAN HEINEKEN
RGvT
Toeslag voor medewerkers zorg?

FOKKE & SUKKE
HEBBEN BOXEN VAN 5000 WATT IN DE ACHTERTUIN GEZET
ALS HET NOU OOK NOG GAAT REGENEN
...IS HET LOWLANDSGEVOEL HELEMAAL COMPLEET!
RGvT

Lowlands 2020

FOKKE & SUKKE
LOPEN NORMAAL ZOMAAR EVEN BIJ HUN MENSEN BINNEN
NU STUREN WE VAAK...
...EEN ONVERWACHTS ZOOMVERZOEK.
RGvT

Bedrijfsleven past zich aan

FOKKE & SUKKE
ZITTEN VOOR HET EERST OP HET DARK WEB
WAT JE HIER ALLEMAAL KUNT KOPEN! ....DRUGS... ...PISTOLEN...
...ZWARTE PIET-KAFTPAPIER...
RGvT

Bol.com weert Zwarte Piet-spullen

FOKKE & SUKKE
ZIEN DRILLRAP NIET ALS IETS NIEUWS
DE VIJFTIGERS VOCHTEN OOK, IN DE KRING
EN HUN GEDICHTEN RIJMDEN AL NET ZO SLECHT!
RGvT

Steekpartijen als gevolg van *drillrapfitties*

FOKKE & SUKKE
GAAN MARIEKE LUCAS RIJNEVELD FELICITEREN
MOET JE NOU HEN OF HUN TEGEN ZE ZEGGEN?
RGvT

Marieke Lucas Rijneveld winnen International Booker Prize

FOKKE & SUKKE
STAAN BIJ DE START
CODE ORANJE? IN NICE?
CODE AZUUR!!
RGvT

Start Tour de France in Nice

FOKKE & SUKKE
ZETTEN EEN TANDJE BIJ
KOM OP! HARDER! WANT IN DE BUS MOET JE EEN MONDKAPJE OP!
RGvT

Zwaarste Tour de France ooit

FOKKE & SUKKE
MAKEN ZICH ZORGEN OVER DE POLARISATIE
3 DODEN EN 41 GEWONDEN
KUNNEN DIE REMBRANDT-EXPERTS NIET GEWOON MET ELKAAR PRÁTEN?
F
RGvT

Nep-Rembrandt in Ashmolean Museum in Oxford mogelijk toch echt

FOKKE & SUKKE
VOELEN DE REORGANISATIE
...GOOFY ONTSLAGEN... ...KATRIEN ZIT ZIEK THUIS...
...EN WIE ONTSPRINGT WEER DE DANS?!
RGvT

Gedwongen ontslagen bij pretparken Disney

FOKKE & SUKKE
LAGEN IN HET ZIEKENHUIS
DE CLINICLOWNS WAREN ZÓ ENG
...DAT WE NU ALWEER OP ONS WERK ZIJN
RGvT

Meer bedden in ziekenhuizen beschikbaar

FOKKE & SUKKE
ZIJN GEREORGANISEERD
EERST DEDEN WE ALLES GEWOON MET ZOOM
EN NU MOET HET OPEENS MET TEAMS!
RGvT

Bedrijfsleven past zich aan

FOKKE & SUKKE
VINDEN ER NIKS MEER AAN
GODVERDOMME!
NOU MOGEN PEPERNOTEN OOK AL NIET MEER VAN UNICEF!!!!
RGvT

UNICEF vindt veel kinderproducten in supermarkt onverantwoord

FOKKE & SUKKE
HEBBEN NOG EEN FOTO OPGEDOKEN
HIER NEEMT GRAPPERHAUS VÓÓR DE RECEPTIE EEN LIKJE VAN DE BRUIDSTAART...
OK. NU MOET IE ECHT WEG!
F
RGvT

Nieuwe foto's huwelijk Grapperhaus opgedoken: knuffelen en handen schudden

FOKKE & SUKKE
ZATEN TE DICHT BIJ ELKAAR
GAF DIE BOA JE NOU EEN PRENT?
NEE, EEN MOTIE VAN AFKEURING
F
HANDHAVING
RGvT

Grapperhaus fel aangepakt vanwege 'weddinggate'

FOKKE & SUKKE
ZIJN VAN DE SINTERKLAASCENTRALE
MENEER GRAPPERHAUS, DIE BESTELLING VOOR DRIE ZWARTE PIETEN OP 5 DECEMBER...
GAAT DIE NOG DOOR?
RGvT

Grapperhaus door het stof voor onbezonnen gedrag tijdens bruiloft

FOKKE & SUKKE
VINDEN DAT HEEL BELANGRIJK
HÉ, HET IS DE WEEK VAN DE ALFABETISERING
RGvT

Week van de alfabetisering

FOKKE & SUKKE
ZIJN PROEFPERSONEN
OF HET VACCIN TEGEN CORONA WERKT WETEN WE NIET
...MAAR DE BIJWERKINGEN BEVALLEN ONS WEL...
RGvT

Farmaceut onderbreekt test coronavaccin na bijwerkingen

FOKKE & SUKKE
WERKEN BIJ HET MINISTERIE VAN FINANCIËN
IK BEN GELOOF IK ZOJUIST IN EEN BABBELTRUC VAN DE KLM GETRAPT...
HOEVEEL MILJARD HEB JE NOU WEER OVERGEMAAKT!?!
RGvT

Veel gedupeerden door telefonische babbeltruc

FOKKE & SUKKE
HADDEN ZICH ER ZO OP VERHEUGD
TOT ER EEN VACCIN IS ZIJN ALLE 11-SEPTEMBERFEESTEN AFGELAST
KLOTE-CORONA
RGvT

9-11

FOKKE & SUKKE
BELLEN DE ACADEMY
EN ZEVEN DWERGEN... TELT DAT ALS DIVERS?
ZE ZIJN WEL WIT
WALT DISNEY
PRODUCTIONS
RGvT

Nieuwe regels voor meer diversiteit in Oscar-inzendingen

FOKKE & SUKKE
VERLAGEN DE CORONABOETE
NEE! DOE MAAR 99 EURO! DAT LIJKT GOEDKOPER!
RGvT

Boetes bij corona-overtredingen verlaagd

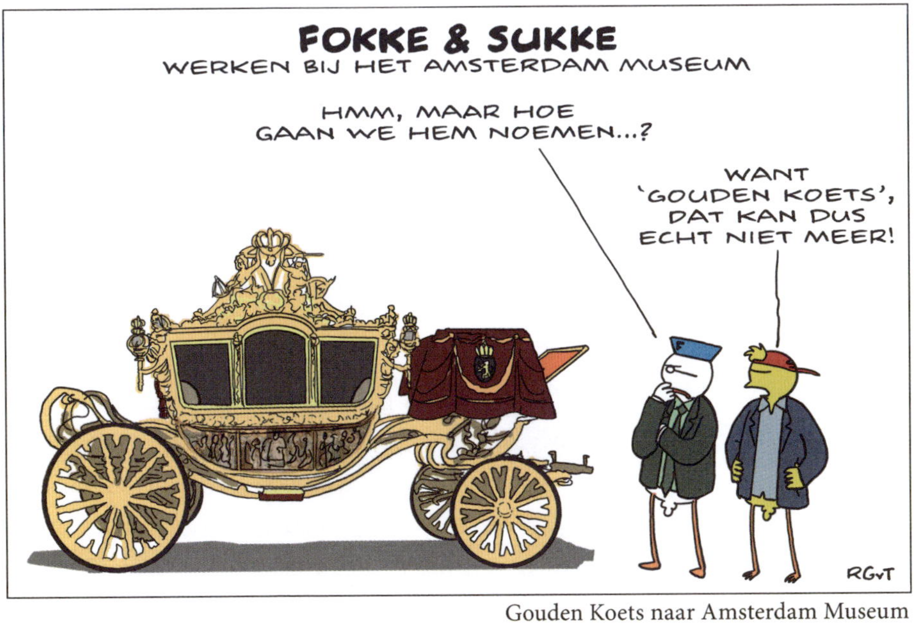
FOKKE & SUKKE
WERKEN BIJ HET AMSTERDAM MUSEUM
HMM, MAAR HOE GAAN WE HEM NOEMEN...?
WANT 'GOUDEN KOETS', DAT KAN DUS ECHT NIET MEER!
RGvT

Gouden Koets naar Amsterdam Museum

FOKKE & SUKKE
HOUDEN NIET VAN FATSHAMING
MAAR ALS IK HET POSTUUR HAD VAN ROBERT JENSEN
...ZOU IK HET VIRUS IETS SERIEUZER NEMEN
RGvT

Robert Jensen ontkent coronavirus

FOKKE & SUKKE
ZETTEN DE RECHTSZAAK TEGEN AKWASI VOORT
WE ZOEKEN EEN WAT MEER RACISTISCHE OFFICIER
...HET LIEFST EEN ZWARTE VROUW
RGvT

Artikel 12-procedure gestart om Akwasi alsnog te vervolgen

FOKKE & SUKKE
GAAN TOCH MAAR NIET NAAR ENGELAND DEZE HERFST
JE STEUNT DAN TOCH INDIRECT DAT REGIME...
RGvT

Verenigd Koninkrijk wil gemaakte Brexit-afspraken kunnen terugdraaien

FOKKE & SUKKE
ZIJN VAN DE CIA
NOU WIL TRUMP WEER EEN TROLLENFABRIEK OPZETTEN OM DE CHINESE VERKIEZINGEN TE BEÏNVLOEDEN!
F
RGvT

VN-speech Trump: het is allemaal de schuld van China

FOKKE & SUKKE
KLAPPEN UIT DE SCHOOL
WIJ KENNEN DIVERSE RENNERS
...DIE ANDERMANS SNOT VOOR DE CORONATEST HEBBEN INGELEVERD!!
RGvT

Team moet bij twee coronagevallen de Tour verlaten

FOKKE & SUKKE
KOMEN UIT DE KAST
WIJ IDENTIFICEREN ALS BINAIRE NON
RGvT

Kerk worstelt met genderproblematiek

FOKKE & SUKKE
GEVEN BIG PHARMA HET NAKIJKEN
WIJ VERWACHTEN VÓÓR DE KERST
...EEN PLACEBO TEGEN CORONA OP DE MARKT TE BRENGEN
RGvT
Onderzoek toont aan: placebo's werken bijna net zo goed als medicatie

FOKKE & SUKKE
HADDEN NOG NOOIT VAN FAMKE LOUISE GEHOORD
INSTAGRAM, WAT IS DAT EIGENLIJK?
DE GROENE AMSTERDAMMER VOOR LAAGBEGAAFDEN
RGvT
Influencer Famke Louise doet mee aan actie tegen coronamaatregelen

FOKKE & SUKKE
ZITTEN BIJ DE CHINESE GEHEIME DIENST
AH SHIT. WE HADDEN VIA TIKTOK...
...BIJNA ALLE RARE DANSJES VAN AMERIKAANSE TIENERS IN KAART GEBRACHT.
RGvT

Trump wil data TikTok in VS houden

FOKKE & SUKKE
VIEREN DE KINDERBOEKENWEEK
DIT NOEM IK NIET MEER *LEKKER NAUW*. DIT IS GEWOON TE KLEIN!!
GORGELS. PRAAT ME ER NIET VAN.
F
S
RGvT

Kinderboekenweek 2020

FOKKE & SUKKE
HEBBEN KOORTS EN HONGER
IK BEN NAAR DE SNELTESTSTRAAT
HAAL DAN METEEN EVEN TWEE *HAPPY MEALS*!
RGvT

Utrecht begint proef met sneltesten

FOKKE & SUKKE
BRENGEN HET VOORZICHTIG
...EN DAN IS ER NOG EEN TELEGRAM VAN DE KONING VAN NEDERLAND...
...DAT ALLEEN LOSERS INKOMSTENBELASTING BETALEN
RGvT

Trump betaalde in 2016 slechts 750 dollar aan belasting

FOKKE & SUKKE
WILDEN EIGENLIJK MONDKAPJESPLICHT
MAAR NAAR WIE WORDT
ER WEER NIET GELUISTERD?
HET OUTBREAK
MIDDLE MANAGEMENT!
RGVT

Outbreak Management Team niet content met politieke concessies van premier Rutte

FOKKE & SUKKE
KREGEN OP HUN LAZER VAN TRUMPS CAMPAGNESTAF
IN DAT DEEP FAKE FILMPJE
DAT HIJ ZICH VEEL BETER VOELT
...HADDEN WE 'M TE
COHERENT GEMAAKT
RGVT

Trump deelt filmpje op Twitter over zijn gezondheid

FOKKE & SUKKE
HEBBEN RUIM EEN MILJOEN VOLGERS
DIT KEER GÉÉN MOTOREN EN BRANDENDE HOEPELS...
WIJ GAAN EEN KERKDIENST IN STAPHORST BIJWONEN!!!!
RGvT

Ophef over kerkdiensten in Staphorst met meer dan 600 mensen

FOKKE & SUKKE
WERKEN IN HET WITTE HUIS
DAAR HEB JE DE PRESIDENT
GAUW! MONDKAPJES AF!
RGvT

Trump besmet met corona; wil van geen mondkapjes weten

FOKKE & SUKKE
VERKLAREN TRUMP SYMPTOOMVRIJ
HIJ IS HET STABIELE GENIE VAN VOORHEEN
EN WEER VERTROUWD ORANJE!
RGvT

Trump heeft geen klachten meer

FOKKE & SUKKE
VINDEN DAT HET NU WEL LANG GENOEG GEDUURD HEEFT
HÉ GATES, WAAR GAAT HET NOU MIS? IS JE VACCIN NIET AF?
OF JE NANOCHIPS?
RGvT

Dr. Fauci: 'Geen vaccin voor zomer of herfst 2021'

FOKKE & SUKKE
ZITTEN OP DE CORONA-APP
IK HEB AL DUIZEND FOLLOWERS ...OF HOE HEET DAT...
... MENSEN BESMET.
RGvT

Kabinet lanceert corona-app

FOKKE & SUKKE
BESCHIKKEN AL OVER DE GELEKTE CORONA-MAATREGELEN
ZE GAAN HET DRINGENDE ADVIES OPSCHALEN!!
NAAR UITERST DRINGEND!!!
RGvT

Nieuwe persconferentie aangekondigd

FOKKE & SUKKE
STUREN EEN APPJE AAN MÁXIMA
HÉ MAM, IK HEB EEN NIEUW NUMMER...
KUN JE EVEN 1,6 MILJOEN OVER-MAKEN?
RGvT

Steeds meer fraude via WhatsApp; ophef over toelage prinses Amalia

FOKKE & SUKKE
HADDEN NOG NIKS GEPLAND
GA JIJ NOG WAT GEZELLIGS DOEN DEZE LOCKDOWN?
NEE, IK BLIJF DENK IK MAAR GEWOON EEN BEETJE THUIS
F
RGvT

Nederland in afwachting van een lockdown

FOKKE & SUKKE
VATTEN DE ROUTEKAART SAMEN
IN ÉÉN KEER VAN EEN INTELLIGENTE LOCKDOWN
...NAAR EEN LOCKDOWNIE!
RGVT

Kabinet presenteert routekaart coronacrisis

FOKKE & SUKKE
ZIEN HET SOMBER IN
NEDERLAND IS TÓCH EEN LAND
...DAT VOLLEDIG DRAAIT OP TEAMUITJES
De Nederlandsche Bank
RGVT

Nieuwe maatregelen bedreigen economie

FOKKE & SUKKE
HEBBEN VAN HUN KROEG EEN KERK GEMAAKT
HO, HO!
WEL EVEN BIDDEN VOOR HET DRINKEN!
RGVT

Kerken uitgezonderd van maatregelen bijeenkomsten

FOKKE & SUKKE
VATTEN DE *HOOFDLIJNENNOTITIE PENSIOENAKKOORD* VOOR U SAMEN
ALS JE EEN BEPAALDE LEEFTIJD BEREIKT, KRIJG JE GELD
...MAAR WE WETEN NOG NIET PRECIES **WANNEER** EN **HOEVEEL**
RGVT

Minister Koolmees presenteert uitwerking pensioenakkoord

FOKKE & SUKKE
ZIJN ER EEN WEEKJE TUSSENUIT
ER IS EEN LAWAAIIG STEL MET DRIE PUBERDOCHTERS NEERGESTREKEN
...IN HET LANDAL-HUISJE NAAST ONS!!
RGVT

Koninklijke familie keert na ophef terug van Griekse vakantie

FOKKE & SUKKE
ZIJN WAKKER
LAAT JE DOOR DE MEDIA NIKS WIJSMAKEN!
LANGE FRANS IS HELEMAAL NIET LANG!
RGVT

Complotfilmpjes van Lange Frans geweerd van YouTube

FOKKE & SUKKE
LUISTEREN RADIO 4
DEZE WEEK IS DE KLASSIEKE TOP 400
WEDDEN DAT BACH WEER OP 1 STAAT?
RGvT

NPO Radio 4 behaalt hoge luistercijfers met Klassieke Top 400

FOKKE & SUKKE
VOEDEN OP
VAN HET RED TEAM MOET JE **DRIE** KEER PER DAG JE TANDEN POETSEN!
NIET ZEUREN...
RGvT

Red Team pleit voor vier weken strenge lockdown

FOKKE & SUKKE
ZITTEN IN HET VERZET
LUISTERAARS, HIER LONDEN.
TOT U SPREEKT: LANGE FRANS
RGvT

Burgeroorlog aangekondigd door complotdenkers

FOKKE & SUKKE
ZIEN GROTE MOGELIJKHEDEN
WATER OP
DE MAAN
O, DAN KUNNEN WE
DÁÁR ONS PLASTIC IN DUMPEN!
RGvT

NASA vindt water op de maan

FOKKE & SUKKE
ZIEN NOG EEN LICHTPUNTJE
HET IS MAAR GOED DAT
IE GEEN LANGE PIET HEET
WANT DAN HAD IE ZIJN
ACCOUNT HELEMÁÁL NOOIT
MEER TERUGGEKREGEN
RGVT

Google verbiedt Zwarte Piet én Roetveegpiet

FOKKE & SUKKE
BELLEN ERDOĞAN
WEET U HET ZEKER,
EEN PROCES TEGEN
WILDERS?
KAN U ZÓ
5 JAAR KOSTEN!
RGVT

Erdoğan doet aangifte tegen Wilders

FOKKE & SUKKE
EISEN 100% COMPENSATIE
HET NIET DOORGAAN VAN HALLOWEEN
IS EEN HORRORSCENARIO VOOR DE NEDERLANDSE POMPOENSECTOR
F
RGVT

Sommige bedrijfstakken lijden zwaar onder coronacrisis

HENK & INGRID
SCHROKKEN VAN HET PERCENTAGE ALLOCHTONEN OP DE IC
DAT GAAT DUS ALLEMAAL TEN KOSTE VAN
...ÓNZE COPD!
F
RGVT

Veel IC-patiënten met COVID-19 hebben een niet-westerse achtergrond

FOKKE & SUKKE
TREKKEN ZE OVER DE STREEP
EN ALS WE NOU VOORTAAN ELKE AVOND...
...APPLAUDISSEREN VOOR DE PILOTEN?!
RGvT

Druk op piloten KLM om loonoffer te accepteren groeit

FOKKE & SUKKE
ONDERZOEKEN HET RIOOLWATER
DE VIRUSDEELTJES NEMEN AF
...MAAR CHIPS MET JOPPIESAUS-SMAAK GAAN LEKKER!
RGvT

Minder coronadeeltjes in rioolwater

FOKKE & SUKKE
HEBBEN EEN DÉJÀ VU
DUS... DUS....
DUS...
ALLE BIBLIOTHEKEN
GAAN DICHT?
RGvT

Zwaardere coronamaatregelen; verkiezingen Verenigde Staten

FOKKE & SUKKE
HOUDEN REKENING MET CHAOS
BESTEL OP TIJD,
MENSEN!
PAKJES DIE NA 5 DECEMBER
BINNENKOMEN TELLEN NIET MEE!
RGvT

Protestacties bij stembureaus VS om late poststemmen

FOKKE & SUKKE
VREZEN VOOR DE TOEKOMST
HEE SUKKE, ZEG EENS IETS GRAPPIGS OVER BIDEN
RGVT

Vier vette jaren zijn voorbij, voor cartoonisten

FOKKE & SUKKE
ZIJN NOG STEEDS NIET TEVREDEN
HET IS TÓCH EEN STOKOUDE WITTE MAN MET Z'N ZWARTE HELPER...
DIE NAAR HET WITTE HUIS GAAN!
RGVT

Joe Biden nieuwe president en Kamala Harris nieuwe vicepresident VS

FOKKE & SUKKE
NEMEN ALTIJD ALLE PAKJES VOOR DE BUREN IN ONTVANGST
ZOU SINTERKLAAS NIET TÓCH AL VANAVOND KUNNEN KOMEN BIJ JULLIE?
WE KUNNEN NIET BIJ ONZE JAS
RGVT

Topdrukte bij online winkels

FOKKE & SUKKE
WORSTELEN MET HUN BOOMSCHAAMTE
ENGELENHAAR?!?! WEET JE DAN NIET HOEVEEL PFAS DAAR IN ZIT?!?
RGVT

Hoe groen is kerst?

FOKKE & SUKKE
HEBBEN ER ZIN IN
VANAVOND ZENDT DE NPO A HOLIDAY CAROL VAN CHARLES DICKENS UIT!
GEZELLIG!
RGvT

Mogen kerstfilms ook al niet meer?

FOKKE & SUKKE
HEBBEN ER EEN OP DE KOP KUNNEN TIKKEN
DEZE CHAMPAGNE IS IN NEDERLAND VERBODEN
OMDAT IE ZO HARD KNALT!!!
RGvT

Vuurwerkverbod houdt niet overal stand